ÉCONOMIE POLITIQUE

Lorsqu'on examine la manière de faire de nos représentants, lorsque l'on considère le peu de travail utile qui se fait dans les deux Chambres qui nous représentent; lorsque surtout l'on songe au travail qui devrait se faire, que l'on attend et qui ne se fait pas, on est en droit de se demander si nos gouvernants agissent par ignorance ou par calcul.

Beaucoup prétendent, et j'en suis, que députés et sénateurs ne sont pas aussi ignorants qu'on pourrait le croire en les jugeant d'après leurs actes; ils connaissent assez ce qui serait bien, mais ils ne veulent pas le faire. Je parle du moins des malins, des chefs de file qui, sauf quelques exceptions certainement, ne rêvent qu'une chose : la destruction de la République.

Il ne faut pas s'y tromper, c'est là leur but ; et s'ils n'ont pas encore remplacé cette pauvre République, dont nous n'avons, hélas, guère que le nom, par quelque Gamelle ou autre prétendant de même farine, c'est qu'ils sentent que le moment n'est pas encore propice, que la question n'est pas encore mûre.

Ils savent que le renversement de la République serait, pour le moment, œuvre morte; que le peuple, lui, est républicain, et qu'il se chargerait de protester à sa façon contre toute surprise de ce genre. Et c'est pourquoi ils se sont dit qu'il fallait d'abord rendre la République insupportable et en dégoûter le peuple.

Ce sera le moment désiré, cherché avec tant de laborieuse patience : Gamelle, ou un autre, ils ont le choix (si toutefois ils peuvent s'entendre pour fixer le candidat), n'aura qu'à entrer avec ses bagages; les· armes sont déjà là, dans l'armée, dans la magistrature, au sommet de toutes les administrations et dans la plupart de leurs branches.

Personne ne l'ignore; on le sent et on le dit; les prévoyants jettent des cris d'alarme, les gouvernants font la sourde oreille. On dirait être dans un cercle de fer duquel on. ne pourra faire autre chose que d'y rester prisonnier, à moins que le détenu donne un bon coup d'épaule et que, d'un fort coup de voix, fasse sauter les rivets du cercle.

Ces quelques réflexions, je les appuie sur les faits qui nous entourent, qui nous écrasent. Je ne suis pas malin, et je le sais; mais c'est précisément pour cela que je refuse de croire que c'est la clairvoyance qui manque à nos représentants. Ils sont aveugles parce qu'ils ne veulent pas voir, et, s'ils ne trouvent pas de remède aux difficultés nombreuses au milieu desquelles patauge notre pays, c'est qu'ils n'en veulent pas chercher ou qu'ils s'obstinent à en chercher là où ils sont sûrs de n'en pas trouver. Si vous aviez besoin d'eau, vous iriez en chercher à la rivière, à une source, dans un réservoir. Nos gouvernants, plus malins que vous, veulent en prendre où il n'y en a pas, où il n'y en a plus.

Voyez-les : ils ont besoin d'argent, ils n'en ont jamais assez ; pour le gaspiller, ils s'y entendent de maîtresse façon ; ils veulent donc s'en procurer, mais ils veulent le prendre où il n'y en a pas, où il n'y en a plus.

Si vous voyiez un homme criant qu'il lui faut de l'eau et s'acharnant, pour en trouver, à longer quelque ruisseau déjà desséché, à fouiller la terre environnante, alors qu'un peu plus loin un fleuve immense, une source étale à tous les yeux sa formidable nappe liquide, vous lui diriez, à ce pauvre insensé :

« Mais, à côté de vous, voilà un fleuve, une source ; vous n'avez qu'à y prendre ce qu'il vous faut ; inutile de tant chercher. »

Mais lui vous répond : « Le fleuve est à moi, la source est à moi ; je ne veux pas y toucher. Il me faut de l'eau, c'est de ce ruisseau que j'en veux tirer. »

Et si vous lui faites remarquer que ce ne sont pas les quelques millions de mètres cubes dont il a besoin qui empêcheront le fleuve de rouler, ni la source de produire à nouveau, il se détourne pour ne pas entendre et continue ses recherches.

Et voilà pourtant ce que font nos gouvernants! Ils ont besoin d'argent; ils savent où il y en a, et ils s'acharnent à en chercher où il n'y en a pas, à vouloir en prendre encore à ce pauvre peuple, qui en a déjà tant donné!

Jusqu'à présent ils ont réussi, et cela prouve bien que ce ne sont pas des maladroits; cela prouve aussi, je crois, que ce sont de parfaits égoïstes.

Le tour de force est joli; reste à savoir si l'on peut indéfiniment le renouveler.

Si nous examinons, maintenant, de quelle façon agissent la plupart des grands industriels, ces autres petits gouvernants, nous retrouvons dans leur manière de faire une touchante similitude avec celle de l'Etat.

Leur but : réduire toujours et encore le salaire de l'ouvrier, sauf à augmenter toujours la somme des impôts à lui faire payer, de sorte qu'il ne faut pas désespérer de voir l'ouvrier gagner 2 fr. par jour, alors que l'Etat lui réclamera 1 fr. 50 au moyen des impôts indirects.

Demandez à un industriel, un fabricant de tissus, pour prendre au hasard un exemple :

« Pour que les pays étrangers laissent entrer chez eux vos produits fabriqués, voulez-vous que nous laissions entrer en France, sans droits de douane, les mêmes produits étrangers?

— Ah! mais non, répondra l'industriel ; c'est là une chose impossible. La main d'œuvre étant meilleur marché à l'étranger qu'en France, si vous ne maintenez pas un droit d'entrée sur ces produits, non seulement je ne vendrai pas les miens à l'étranger, mais c'est lui qui vendra les siens dans notre pays. » Il vous répondra cela, vous pouvez en être certain. Et chaque industriel, pour sa propre branche d'industrie, vous tiendra la même réponse. Et cela n'empêche pas ce même fabricant de dire à nos gouvernants :

Quoi de plus beau que le libre échange ! Obtenez donc de la Suisse qu'elle laisse entrer chez elle nos tissus ; la France laissera entrer en franchise ses fromages. Bonne mesure, évidemment, puisque nos ouvriers achèteront le fromage à meilleur marché !

La chose est faite : vite une petite diminution de salaire ; l'ouvrier se nourrit à meilleur marché, il n'a pas besoin d'autant gagner, n'est-ce pas ?

Et, pour la Russie, ne pourrait-on pas faire quelque chose? Qu'elle laisse entrer nos produits, nous laisserons entrer ses grains, et nous en dirons autant à l'Amérique.

Le résultat est superbe, vous en conviendrez, puisque c'est pour l'ouvrier le pain à meilleur marché, c'est-à-dire les trois quarts de son existence.

Et vite une nouvelle diminution de salaire.

Et pendant que les fromages, les grains ou autres produits agricoles entreront pour permettre à l'industriel de payer moins ses ouvriers, le cultivateur, ne pouvant plus lutter avec l'étranger, abandonnera, découragé, ruiné, la culture du blé.

Mais, que leur importe, aux puissants?

Que leur importe, si la propriété tombe à vil prix; que la culture du blé, ou autres produits, tombe à zéro en France; que la France devienne entièrement tributaire de l'étranger? que leur importe si, à un moment, peu éloigné peut-être, surgiront des complications extérieures, l'Angleterre, avec sa flotte formidable, peut empêcher notre ravitaillement?

Questions secondaires. Et pendant qu'ils auront vu les cultivateurs s'apauvrir, leurs maisons tomber en ruines, les industriels auront construit des châteaux et mis quelques millions de plus de côté. C'est à ce moment que recommencent leurs belles réflexions. Comment faire d'une pierre deux coups? Ils ont bien vite trouvé le moyen : pousser le gouvernement à une nouvelle entreprise coloniale. L'Etat aura besoin de ressources, un emprunt s'ouvre; voilà le placement de l'or amoncelé depuis quelque temps. Et si l'expédition coloniale nouvellement entreprise réussit, voilà en même temps un débouché nouveau. Puis enfin un agrandissement des usines, puisque les débouchés s'ouvrent, et ainsi de suite. Ils auront amassé de l'or, arrondi davantage leur boule, et cela leur suffit.

Lorsque la question du blé et des autres produits

aura disparu avec la culture elle-même, il ne res-
tera plus guère que l'élevage, où le producteur
pourra se rejeter afin d'essayer de vivre. Mais, ne
perdez pas patience, il s'y trouvera bien quelqu'un
pour demander la libre entrée en France des vian-
des étrangères !

Libre échangiste! Mais je le serai le premier,
lorsque vous aurez mis le travailleur français dans
une situation égale à celle du travailleur étranger.

Payez les dettes de la France, débarrassez le
budget de cette intérêt colossal que nous payons
chaque année, dégrevez le travailleur à ce point
qu'il ne paie pas plus d'impôt que les ouvriers
étrangers, et alors vous ferez le libre échange !

Quand on leur parle de dettes, ils répondent :
Mais c'est une preuve que la France a une grande
confiance, qu'elle est riche et prospère.

Joli raisonnement ! Je me demande si eux, quand
ils ont un placement à faire en matière commer-
ciale, ils agissent de même; Dieu les en garde !

D'autres disent: Mais nous ne pouvons pas ce-
pendant payer toutes les dettes et ne plus laisser
de charges à nos enfants ! Encore un raisonnement!
Voyons ce qui se passe chez eux. Quand ils lèguent
leur fortune à leurs enfants, ils ont bien soin de
purger la situation et de ne laisser, non pas des
dettes, mais des créances, et à vous, ils vous disent: Laissons subsister les dettes de la France.
Ce qui revient ou équivaut à dire: Laissons vivre
la vache (la dette). Ce sont les enfants des familles
nombreuses qui la nourriront, et ce sont nos en-

fants qui en boiront le lait (l'intérêt payé pour la dette).

Oui, payez les dettes de la France! Je serai libre échangiste!

Nous avons un budget de trois milliards et demi environ couvert par le travail. Ce sont les travailleurs français ou habitant la France qui pourvoient à cette somme formidable. Or, la France a trente-six millions d'habitants. Si l'on déduit de ce chiffre les enfants, les femmes, les vieillards, sans oublier les parasites, qui ne vivent que de l'intérêt servi par l'Etat, il reste environ un tiers de travailleurs. C'est donc douze à quinze millions d'hommes qui, par leur travail, couvrent ces trois milliards et demi d'impôts.

Faites le même calcul pour un autre pays, celui que vous voudrez, et vous pourrez facilement vous rendre compte que les charges pesant sur le travailleur en France sont plus lourdes que dans tout autre pays.

Vous en déduirez, sans difficulté, qu'il ne nous est pas possible de faire des exportations, puisque nous ne pouvons produire à aussi bas prix; pour exporter, il faut sacrifier quelque chose au profit d'autres industries, et la seule chose qu'ils voudraient sacrifier complètement, c'est l'agriculture.

Et pourtant, dans leur beau calcul, ils auront oublié quelque chose: l'or, sans doute, les aura aveuglés, et ce budget de trois milliards et demi, comment le boucheront-ils?

S'imaginent-ils que le Trésor encaissera les mêmes recettes? La propriété ayant tombé à rien, est-ce que, lorsque surviendra une vente, un héritage, l'Etat pourra percevoir le même droit qu'auparavant? Est-ce que l'on paiera pour une propriété ne valant plus que 500 fr. le droit que l'on payait quand elle en valait 5.000 ?

Et, maintenant, voyons ce qui se fait encore. On est allé en Algérie, en Tunisie, au Tonkin ; on est actuellement à Madagascar.

On y va pour ouvrir des débouchés au commerce, à l'industrie. Très bien ! Vous savez ce qui se passe: Nos braves soldats partent; beaucoup meurent, tous souffrent ; puis enfin l'expédition est terminée et des débouchés nouveaux sont ouverts à l'industrie, au commerce. Mais la carte à payer, à qui doit-elle être présentée ?

Lorsqu'un cultivateur construit une maison de ferme, un chemin pour la desserte de ses propriétés, il espère en tirer un produit. Et c'est sur les bénéfices qu'il pense réaliser qu'il compte pour l'indemniser des frais qu'il a dû faire.

Lorsqu'une expédition coloniale est terminée, ne devrait-on pas opérer de même? Et ne devrait-on pas prendre sur ceux qui ont bénéficié des nouveaux débouchés de quoi couvrir les frais de la guerre, comme on dit ? Mais, direz-vous peut-être, à quoi les reconnaîtrez-vous ? Cela n'est pas difficile. D'abord tout le capital bénéficie.

Supposez, pour un instant, que je monte demain un petit travail pour fabriquer tel objet d'exportation que vous voudrez : des boulons, des chaudrons, des clous, pour les souliers des Malgaches, si cela peut vous convenir.

Réellement, croyez-vous que je parviendrais à pouvoir faire de l'exportation ?

Mais les grands industriels m'écraseront ; ils vendront à vil prix les mêmes produits sur place, pour m'anéantir, et mon industrie aura vécu avant que l'un de mes produits arrive aux Malgaches.

La conclusion s'impose : les grands industriels seuls peuvent exporter, à quelques rares exceptions près. Ne serait-il pas juste que ce soit avec une partie de leurs bénéfices que l'on couvre les frais faits pour leur ouvrir des nouveaux débouchés et entretenir ceux qui sont en notre possession.

C'est le grand industriel qui profite et c'est nous qui payons !

Quel est celui de nous qui ne voit pas autour de lui des industriels qui ont pu, dans un espace de quelques années — un demi-siècle peut-être — mettre de côté des millions ?

Si l'on prélevait sur ces bénéfices de quoi payer les frais de la guerre, pensez-vous que ce ne serait pas justice ?

Et pendant qu'aux quatre coins de la France, au centre, il y a de ces industriels égoïstes qui ont ramassé des millions, leurs ouvriers sont, pour la plupart, aussi riches après trente ans d'un dur labeur que lorsqu'ils ont commencé ; ils ont des infirmités de plus, et c'est tout !

Est-ce qu'ils ne devraient pas comprendre, ces

égoïstes, qu'un léger sacrifice s'impose ? Ont-ils donc besoin des grondements des peuples pour le leur rappeler.

Mais s'ils voulaient faire un sacrifice, non pas au-dessus de leurs forces, chacun au point de vue de sa situation de fortune, on pourrait arriver rapidement, je ne dis pas au dégrèvement immédiat, mais du moins à l'amortissement de la dette ; à la diminution du budget, et par conséquent à la réduction des charges qui pèsent sur le travail.

Le résultat serait beau, les moyens leur sont faciles ; il est impossible qu'ils ne le comprennent pas.

Je dois ici citer ce que disait M. Bergasse, grand armateur marseillais, dans le *Lyon républicain* du 3 février 1896, dans son article intitulé le « Chômage. »

« L'industriel français est accablé d'impôts, il » succombe sous un fardeau qui n'a aucun rapport » avec celui que porte l'industriel anglais, alle- » mand, suisse ou belge. Le budget de la France » tend à écraser le pays, son avenir financier est » tout simplement effrayant. Au train dont vont » les choses, dans cinquante ou soixante ans, la » dette de la France dépassera cinquante milliards, » tandis que celle de l'Angleterre sera complète- » ment remboursée, grâce à la sagesse de ses » hommes d'Etat et au rapide amortissement » qu'elle s'est imposée. »

Et plus loin M. Bergasse dit encore :

« Il faudrait faire appel à tous les patrons et à

» tous les industriels et leur demander de contri-
» buer à la paix sociale en entourant leurs ouvriers
» d'une incessante sollicitude et en faisant, en leur
» faveur, tous les sacrifices compatibles avec la
» situation de leurs industries. »

Dans toutes les sociétés industrielles ou com-
merciales, avant de partager le bénéfice brut, ne
prélève-t-on pas de quoi couvrir les frais généraux?

Pourquoi la grande société française agit-elle
autrement?

Les entreprises coloniales, la construction des
chemins de fer, des canaux, des routes, les comptoirs subventionnés à l'étranger par l'Etat, ne font-
ils pas partie des frais généraux? Et, pourtant, qui
paie? Toujours le cultivateur, l'ouvrier, puisque,
avec le mode d'impôt actuel portant sur les produits essentiels pour vivre, une famille indigente
composée de dix personnes est plus frappée qu'une
famille riche possédant 300.000 fr. et composée de
trois personnes.

Si nous considérons un autre impôt — celui du
sang — nous serons forcés de faire des conclusions semblables. Voyez, en effet, les industries
occuper des jeunes gens à partir de 14 ans... Fata-
lement, malgré toutes les précautions prises dans
la plupart de ces industries, combien déjà de ces
enfants auront succombé avant d'avoir atteint la
vingtième année! Combien d'autres, affaiblis par
l'air vicié qu'ils ont respiré dans le milieu où ils
travaillent, seront réformés ou tout au moins
ajournés! Comparez ce résultat avec celui d'un

conseil de revision passé dans un centre agricole et vous conclurez.

Je disais il y a un instant que, dans toutes les sociétés, quelles qu'elles soient, on commençait par prélever sur le bénéfice brut, pour couvrir les frais généraux. Ne prélève-t-on pas aussi les sommes nécessaires à l'amortissement du matériel, de la dette, et de celles empruntées pour un agrandissement quelconque, et pour payer l'intérêt des sommes empruntées? N'est-ce pas quand toutes ces parts sont prélevées sur le bénéfice brut que le reste est partagé entre les actionnaires?

Je dis que toute société qui agirait autrement sortirait des règles de la justice et de l'équité. Pourquoi la grande société française agit-elle autrement? Eh! mon Dieu, il est bien simple de le dire : c'est pour que ceux qui conduisent les affaires puissent mettre davantage de ce bénéfice brut dans leurs poches. Aussi, quel moyen ingénieux ont-ils trouvé? Il est visible, frappant, surtout frappant, puisque nous tous, ouvriers, cultivateurs, en recevons journellement les coups.

Ils ne sont pas moins ingénieux qu'égoïstes, ceux qui nous dirigent; ne vous y trompez pas. Que diriez-vous d'un industriel quelconque qui, pour cause d'agrandissement de son usine, créerait des comptoirs, ouvrirait des débouchés, des moyens de transports économiques et qui, au bout de l'année, rassemblerait ses ouvriers et leur tiendrait ce langage : « Mes amis, pour couvrir tous ces frais que vous connaissez et me rembourser de ces grandes dépenses, je vais réduire votre salaire journalier? » Il est tout naturel que ses ouvriers lui répondraient : « Mais, si vous diminuez notre gain journalier, nous ne pourrons plus vivre ! » Et pourtant, voilà ce que font nos grands industriels, nos grands capitalistes ! Mais, je vous l'ai dit, ils sont ingénieux : ils ont trouvé un moyen indirect de vous l'appliquer, c'est en créant l'impôt indirect.

Seulement, ils savent bien que si ce lourd fardeau n'était supporté que par les ouvriers de toutes les industries réunies, ces ouvriers seraient écrasés malgré la bienveillance de leur patron. Les industriels se disent : « Il n'y aura pas que nos ouvriers qui paieront, il y aura aussi tous les cultivateurs ; et comme ceux-ci sont de beaucoup les plus nombreux, cela diminuera la charge à supporter par nos ouvriers ; et si, d'un autre côté, nous pouvions obtenir, au moyen des conventions douanières, à échanger de nos produits fabriqués contre des produits alimentaires, nos ouvriers retrouveraient une partie de ce que nous leur demandons en contributions indirectes. » Vous comprendrez que c'est un beau calcul, mais encore plus égoïste que beau. Et, pourtant, voilà notre système économique dans toute sa véracité!

L'impôt indirect est-il un impôt sur le revenu? Est-il progressif? Est-il global? Est-il inique?

Voilà des points que je veux éclaircir.

D'abord, il faut dire que toutes les marchandises : pour l'habillement, la nourriture, la construction sont, en France, frappées de l'impôt indirect.

Je dois, pour cela, diviser l'impôt indirect en deux parties :

La première, que j'appellerai impôt direct dans les impôts indirects, est celui que l'Etat impose directement et de suite à une quantité de produits, de marchandises telles que sucre, sel, alcool, vin, allumettes, bougies, etc., enfin toutes marchandises et objets qui paient de suite un droit à l'Etat ;

La seconde, que j'appellerai impôt indirect dans les impôts, est celui qui ne frappe les marchandises que quand elles franchissent la frontière à leur entrée en France, telles que tissus, papiers, fer, blé, animaux, etc., enfin tout ce qui rentre dans cette catégorie.

Le droit, étant appliqué par la douane, fait élever le prix d'acquisition des marchandises. Je crois ne pas avoir besoin de démonstration pour cela. Donc, aux 1.800 millions d'impôts indirects supportés par les travailleurs, il y a à ajouter à leur fardeau la majoration du prix des autres marchandises causée par les droits de douane. Pour en faire le compte, il suffirait de multiplier le nombre des consommateurs par la dépense annuelle et appliquer le droit de douane supporté par chaque marchandise. Cela donnerait un beau chiffre, aussi important que l'autre partie des impôts indirects ; soit, pour les deux modes d'impôts, environ 3 milliards 600 millions, c'est-à-dire

100 fr. par an et par ch que habitant. *Cet impôt est-il sur le revenu?*

Non seulement il frappe directement le revenu sur le gain de l'ouvrier, mais il lui est obligatoire pour vivre; surtout au pauvre diable qui est obligé d'avoir l'argent sur la main pour se procurer le nécessaire pour vivre. Ne faut-il pas, dis-je, qu'il prélève sur son salaire de la journée de quoi rembourser aux vendeurs ce qu'ils auront payé à l'avance à l'Etat, et ce que la douane aura prélevé, à l'entrée en France, sur l'achat des marchandises dont il aura besoin le lendemain pour revenir prendre son travail? Oui! Donc l'impôt indirect est un impôt sur le revenu. Est-il progressif?

Supposons une famille de douze personnes : le père, la mère et dix enfants; le père seulement travaille; la mère a assez à élever les enfants en bas âge et à procurer aux plus grands, qui ne peuvent encore travailler, le nécessaire en habillements et en soins. Voilà donc, sur douze personnes, un seul travaille : le père. Est-ce que, sur son gain, l'impôt indirect n'est pas progressif?

Je crois ne pas avoir besoin d'en dire davantage. Et que l'on ne vienne pas contester l'existence de familles de ce genre. Elles sont rares, direz-vous; c'est vrai, mais il y en a encore. Du reste, plus loin, j'en reparlerai.

L'impôt est-il inique?

Pour être indigent, il ne suffit pas de ne rien gagner du tout; il suffit qu'une famille, dans le genre de celle que je viens de citer, n'ait pas, malgré son gain, le nécessaire pour vivre.

Admettez que dans une pareille famille le chef gagne 5 fr. par jour, ce qui est déjà quelque chose (combien y en a-t-il qui ont encore moins); 5 fr. par jour, sur 300 journées égalent 1.500 fr. de gain qu'elle aura fait, soit environ 0 fr. 35 cent. par jour et par personne. Pensez-vous que cette dépense est suffisante pour vivre? Non. Donc cette famille est indigente; et l'Etat, sur 1.500 fr. de gain qu'elle aura fait, lui prendra 1.200 fr., au moyen de l'impôt indirect. Donc cet impôt est progressif et inique. *Est-il global?*

Mais est-ce que les impôts indirects ne sont pas pris sur tout le gain de ces familles dont il vient d'être parlé? Que dis-je, le fisc ne s'occupe même pas s'il y a du gain ou non; il prend, il prélève sans se soucier d'où vient l'argent. Il arrive souvent même que la charité publique est obligée de se mettre de la partie. Tel est le cas pour les indigents.

Les partisans de cet impôt diront : Mais les indigents n'ont rien à voir dans cet impôt, car la charité publique s'en mêlant, c'est la richesse qui comble ce vide. Erreur, mes amis! Charité publique ne veut pas dire richesse; car il est trop souvent démontré, qu'en fait de charité publique, il sort autant d'argent de la bourse des travailleurs que des riches proprement dits. Mais, si ceux-ci étaient partisans de l'impôt sur le revenu, ils ne seraient pas égoïstes   conséquent charitables.

Mais comme ils sont égoïstes; concluez. Il est bien entendu que je ne généralise pas ma pensée, et je sais bien que ceux qui ne le sont pas, ne me contrediront pas. Donc, ceux qui ne veulent pas de l'impôt sur le revenu direct et progressif, le pratiquent avec les impôts indirects ; mais, avec cette différence, qu'ils frappent le pauvre et les grandes familles.

Et que ceux qui combattent l'impôt progressif sur le revenu ne viennent pas nous dire qu'ils ne sont pas pour maintenir les impôts indirects. Non seulement ils veulent les maintenir, mais à chaque instant, ils les élèvent et se préparent à les élever encore davantage sur les alcools, les sucres, etc.... La litanie en est longue et en sera de longue durée si vous leur laissez le pouvoir de vous protéger, comme ils le disent. Mais ils vous protègent si bien que ce sont eux qui sont dans l'abondance, et c'est vous qui souffrez et vous ruinez ou vivez misérablement. Ils se plaignent que la population de la France n'augmente pas en raison des autres nations ; mais comment ferait-elle, cette pauvre France, pour augmenter en population ? Un père de famille, un homme ayant un peu réfléchi, ne comprend-il pas que s'il a beaucoup d'enfants, lui et ses enfants seront réduits à la misère pour toute leur vie. Aussi, voyez dans quelles classes vous trouvez les grandes familles. Ce n'est pas en général chez ceux qui combattent l'impôt progressif sur le revenu, mais bien chez ceux qui supportent le leur d'impôt progressif; chez le pauvre, celui qui n'a pas réfléchi dans quelle galère il monte en mettant au service de la France des hommes pour soutenir la fortune de ceux qui les oppressent ou les écrasent.

Oui! votons pour des candidats qui voudront soutenir et faire aboutir l'impôt progressif sur le revenu, destiné à amortir la dette et à remplacer les impôts indirects. Il sera aussi la source des vraies réformes. Que n'entendez-vous dire autour de vous, et ceci journellement : il y a bien d'autres réformes à faire, d'autres injustices à paralyser.

Diminuer les gros traitements, se débarrasser des sinécures, etc.... il y en a aussi une litanie dans ce genre. Eh! bien, je dis encore, ce n'est que par l'application de l'impôt progressif sur le revenu que les réformes de gaspillages et autres semblables s'effectueront.

Il est bien simple de le comprendre.

Tant que ceux qui nous dirigent prendront dans la poche du pauvre, du travailleur pour couvrir l'impôt, ils se moqueront pas mal des réformes et des abus ; mais lorsque l'argent pour l'impôt sera versé par eux, vous verrez les réformes se faire, les abus disparaître comme par enchantement.

Si j'ai fait entrevoir au public le situation, si j'ai assayé de montrer aux riches industriels la nécessité qui s'impose à eux d'en arriver à un sacrifice, je l'ai fait, certes, sans arrière-pensée, sans but mesquin, sans intention de froisser personne. J'ai voulu montrer à ces riches industriels la situation qu'ils sont en train de créer, et les prier de la regarder en face.

Du moins, cette richesse industrielle a un mérite, et l'on se plaît à le lui reconnaître : le mérite du travail.

Et c'est précisément ce qui fait contraste avec cette autre richesse toute puissante qui, elle, ne travaille pas : la richesse financière.

C'est avec son concours que l'on pousse l'Etat — afin d'augmenter les besoins de ce grand emprunteur — aux entreprises, aux expéditions coloniales.

Elle se contente ensuite d'encaisser les intérêts qui sont payés par le cultivateur, par l'ouvrier.

Ne serait-il pas d'absolue justice de prélever sur ces agioteurs quelque peu de leur superflu pour contribuer à l'amortissement de la dette ? Mais c'est précisément cette question d'amortissement qui fait, de ces puissants, des ennemis irréconciliables de tout impôt progressif. Ils savent bien qu'une fois la dette éteinte, leurs capitaux leur resteront entre les mains, et qu'alors ils seront obligés de les engager dans le travail, s'ils ne veulent les conserver comme chose inutile, — semblables en cela à l'avare de la Fable.

Rembourser la dette, voilà le but qu'il faut atteindre. Comme moyen, il n'y a pas à hésiter ; il n'y en a qu'un : le paysan, l'ouvrier paient déjà plus qu'ils ne peuvent ; il ne faut pas songer à les frapper davantage, mais à les décharger ; il faut demander de l'argent où il y en a ; il faut obtenir l'impôt progressif.

Je ne dis pas impôt proportionnel; ce ne serait ni suffisant, ni équitable ; je dis impôt progressif. Un citoyen a un capital de 1.000 francs, par exemple; vous trouvez qu'on lui laisse suffisamment pour vivre en prélevant sur lui un impôt de 1 fr. ; mais alors ne resterait-il pas trop à celui qui aura un capital triple, si l'on ne prélève que 3 fr. ? Il faut prélever davantage.

Pour arriver à l'impôt progressif, il faut que tous les agriculteurs de France s'organisent en comités et qu'ils exigent de tous candidats, soit à la Députation, soit au Sénat, un engagement formel de voter cet impôt, de faire aboutir cette loi.

Qu'ils éliminent, sans autres considérations, tout candidat qui ne serait pas fermement décidé à la soutenir.

Quant au moyen le plus pratique d'arriver à appliquer cet impôt, le candidat aura à l'étudier. Il conserverait à ce sujet son initiative personnelle. On ne dit pas à un général à qui on donne mission de s'emparer d'une place forté : « Prenez-la par le nord ou par l'ouest : » on lui dit : « Voilà une place forte; il faut l'enlever. »

Disons donc à ceux qui briguent d'être nos mandataires : nous voulons l'impôt progressif ; c'est là le but à atteindre ; il faut l'atteindre.

C'est de l'entente des cultivateurs, c'est de leur solidarité que dépend la prompte solution de cette grande question.

En ce moment, les comices agricoles sont partout constitués, c'est à eux qu'il appartient de commencer le mouvement en faveur de cet impôt.

Ce sont de véritables comités autour desquels se grouperont, au premier appel, tous les cultivateurs.

Les comices agricoles ont un beau rôle à remplir. Devant le caractère d'intérêt général et d'équité sociale qui s'attache à cette question, j'ai la conviction qu'ils n'hésiteront pas.

Nous sommes le nombre et nous sommes le droit ; nous devons aboutir.

Cultivateurs, Ouvriers,

C'est un de vos amis qui vous parle, un homme qui, depuis l'âge de treize ans, a mis constamment et comme vous la main à la pâte. C'est après avoir mûrement réfléchi et senti la situation qui nous est faite à tous, sans exception, que j'ai tiré ces conclusions.

Il n'est plus question de République aujourd'hui : tous sont républicains ; au contraire, suivant les uns, ce sont les anciens républicains qui ne le sont plus ou qui le sont mal. Et pourtant, à ceux qui nous combattent, on peut dire : Ne levez pas trop vos bras, et surtout ne les laissez pas retomber, car il pourrait sortir de vos manches quelques débris de l'ancienne réaction. Ce n'est pas seulement sur le terrain politique que la grande bataille du 8 mai va se livrer, mais encore sur le terrain économique, sur la question qui m'a suggéré cette petite brochure. Aujourd'hui, la question est bien posée.

Voulez-vous une grande amélioration dans votre situation? Voulez-vous rétablir l'équilibre rompu? Voulez-vous rendre à la terre, aux travailleurs, aux cultivateurs, la valeur, l'égalité, la prospérité, et ceci sans nuire à ceux que nous devons combattre, en leur laissant grandement bénéficier de leur situation privilégiée? Je prétends même que ceux-là ne seront pas sans tirer profit de la nouvelle situation qui sera créée par l'impôt progressif sur le revenu, puisque cet impôt a pour but d'amortir la dette, diminuer les frais généraux de la France, et, par le fait, rendre au travail national sa grande prospérité.

Oui, messieurs, tous auront à en profiter, mais dans de justes limites.

Il y a quelques années, j'ai été un de ceux qui, avec M. le sénateur Bernard, ont soutenu la candidature de M. de Moustier, qui alors nous promettait de marcher dans la voie du progrès. Où est-il le progrès soutenu, élaboré par M. de Moustier?

N'est-ce pas, au contraire, l'apparition du cabinet Bourgeois qui, lui, avait mis dans son programme la réforme de l'impôt progressif sur le revenu, qui a provoqué l'effet rétrograde de M. de Moustier? N'est-ce pas à ce moment que la cassure avec M. de Moustier s'est produite? non seulement entre nous et lui; non seulement dans le département du Doubs, mais encore dans toute la France? Mais si; tout le monde le sait, tous l'ont vu!

Eh bien ! mes amis, sans aucune ambition que l'intérêt général, je vous le dis : Vous avez entre les mains une arme qui n'est pas lourde, mais qui peut être terrible contre vos oppresseurs, si vous savez vous en servir. Cette arme, qui découle des principes de la Révolution Française ; cette arme qui, comme la mort, est votre seule égalité sur terre, c'est ce petit bout de papier, votre bulletin de vote ! Pour qui devez-vous le déposer dans l'urne ?

D'un côté, vous avez ceux qui veulent non seulement maintenir l'état de choses actuel, mais encore l'aggraver.

De l'autre, vous avez ceux qui veulent transformer cette situation, la rendre plus équitable, plus juste. Ceux-ci sont, pour l'arrondissement de Baume, M. Bütterlin, docteur en médecine, maire de Baume et conseiller général de ce canton.

L'heure est solennelle, décisive. Si vous ne comprenez pas enfin que votre sort et votre prospérité dépendent du verdict à intervenir, il ne faudra plus vous plaindre et vous aurez abdiqué vos droits et vos libertés devant la coalition de ceux qui ont des intérêts absolument opposés aux vôtres.

JOSEPH BRONDEL,

Conseiller d'arrondissement.

Besançon, imprimerie Millot frères et Cᵒ

www.ingramcontent.com/pod-product-compliance
Lightning Source LLC
Chambersburg PA
CBHW070201200326
41520CB00018B/5499